DES

JETONS DU MOYEN AGE

AU TYPE DE L'OURS

DES

JETONS DU MOYEN AGE

AU TYPE DE L'OURS

PAR

J. ROUYER

LE MANS

TYPOGRAPHIE ED. MONNOYER, PLACE DES JACOBINS

—

1875

DES JETONS DU MOYEN AGE

AU TYPE DE L'OURS

Les jetons du moyen âge au type de l'ours ont plusieurs fois piqué la curiosité des antiquaires. Il est de ceux-ci qui ont tenté de les expliquer au moyen de faits et de circonstances historiques, de nature à en relever l'intérêt; mais les explications données ne paraissent pas, généralement, avoir été des plus incontestables.

Le premier auteur, à notre connaissance, qui ait publié une de ces pièces, est l'Anglais Snelling. Dans le texte de son travail (1), il reproduisait ainsi la légende : CEST MADALLE BESTET, et la déclarait inintelligible, ce qui était une conséquence naturelle de sa lecture erronée.

Plus tard, M. de Longpérier signalait les jetons à l'ours comme une sorte d'amulette qui aurait été faite à Toulouse dans le but de garantir ceux qui la portaient contre les attaques d'un monstre qui, d'après les croyances des habitants, parcourait, la nuit, les rues de leur ville. Nous reviendrons bientôt sur cette opinion, qui mérite d'être particulièrement examinée, tant pour elle-même qu'en raison de la profonde érudition et de la sagacité de son auteur.

M. de Fontenay a publié en 1845, dans les *Mémoires de la Société Éduenne*, pl. III, fig. 9, un jeton à l'ours, du type que l'on rencontre le plus communément, et avec la légende CEST LA MALLE BES. La description que l'auteur donne du

---

(1) *A view of the origin, nature and use of jettons or counter*. London. 1769, pl. III, fig. 11.

type est ainsi conçue : « Dans le champ, un *horrible animal* entre trois fleurs, » et il ajoute : « ceci a rapport à une fête bizarre de Toulouse. » M. de Fontenay parait avoir eu connaissance, mais vaguement, de ce qu'avait écrit M. de Longpérier.

Un exemplaire du jeton à la légende CEST LA MALLE BEST est attribué à la ville de Bruges dans le *Catalogue numismatique, archéologique,* etc., publié par M. C. Van Peteghem, à Paris, en 1874. La même attribution, mais plus explicite, « jeton de la fête de l'Ours, à Bruges, quatorzième siècle », avait déjà paru dans le *Catalogue d'une collection de médailles, monnaies et jetons,* qui a été vendue à Gand les 24 et 25 août 1864. Le style tout français et les légendes en français des jetons à l'ours comporteraient difficilement leur attribution à la ville de Bruges, essentiellement flamande (1).

M. Bellot-Herment, de Bar-le-Duc, a, lui aussi, décrit un exemplaire de nos jetons, sur lequel il a lu CEST LADALLI BEST, qu'il a traduit par *c'est la noble bête,* et où il a vu, dans le type, un bœuf, au lieu d'un ours (2). Il rapporte cette pièce à la *Ligue du bien public,* et y trouve une allusion satirique dirigée contre le bon roi René, en s'étayant de raisonnements dans lesquels la fantaisie occupe une trop large part (3). Rien ne justifie l'attribution faite par M. Bellot-Herment, qui s'est attiré des critiques à ce sujet (4).

(1) Nous devons dire, d'ailleurs, que M. Camille Picqué, dans un savant article sur des jetons historiques de la collection de M. Vander Auwera (*Revue numismatique belge,* 1869, p. 441 et suivantes), en a publié un, de la Société de l'Ours blanc, à Bruges, lequel remonte au règne de Charles-Quint, et qui porte cette légende en français : POVR LA LOGE DES BOVRGOES A BRVGES. Mais ce jeton n'est nullement de l'époque des nôtres, et n'a en outre avec eux aucun rapport de types.

(2) *Historique de la ville de Bar-le-Duc,* 1863.

(3) A. de Barthélemy, *La Numismatique en* 1863, p. 4.

(4) R. Chalon, dans la *Revue numismatique belge,* 1861, p. 131.

Nous donnons ici la représentation des jetons à l'ours. Nous les divisons en deux groupes, dont voici le premier, sans que nous entendions, par ce classement, trancher aucune question de priorité parmi nos pièces en ce qui concerne leur âge.

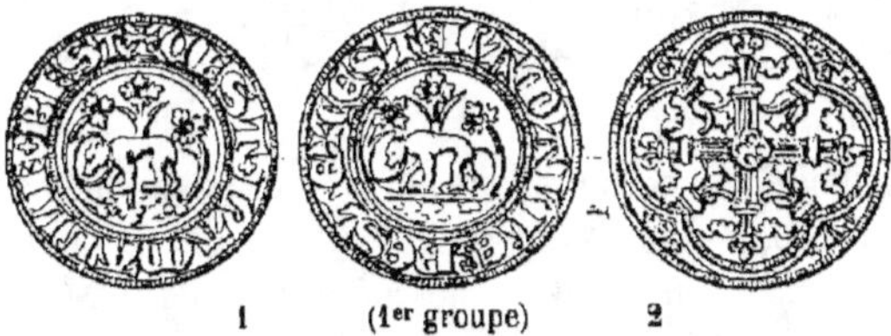

1   (1er groupe)   2

Les figures n°s 1 et 2 ont entre elles les plus grands rapports. On y voit un ours marchant à gauche et placé devant une espèce de buisson formé de trois tiges, terminées chacune par une fleur épanouie qu'il serait peut-être difficile de déterminer, ce à quoi, au surplus, nous ne voyons pas d'importance quant à présent, rien ne nous prouvant qu'il faille attacher à cette fleur un caractère symbolique. L'ours a un lien qui lui part du cou et le retient à la tige de gauche du buisson. La légende, CEST LA MALLE BESTE, est la même sur les deux pièces, sauf la lettre finale, qui manque sur la première. La forme des E de cette légende est carrée sur la figure n° 1, et arrondie sur la figure n° 2. Le revers, sans différence appréciable sur les deux jetons, rappelle beaucoup la croix des royaux d'or et des lions d'or de Philippe de Valois. Les angles que forment les quatre arcs de cercle servant d'encadrement à la croix sont occupés extérieurement par les lettres AVE. G., tirées du début de la Salutation angélique.

Ces jetons n°s 1 et 2, dont il existe de nombreuses variétés de coin, sont les moins rares de toute la série.

3 (1ᵉʳ groupe)   3 *bis* (2ᵉ groupe)

La figure n° 3 nous présente l'ours avec le même buisson, et entouré de la légende AVE. MARIA. GRACIA. PL. Le revers, à la croix fleurdelisée et à la légende SIT : NOMEN : DOMINI : BENEDICTV., est semblable au revers de certains jetons de Jean de France, duc de Berry (1364-1416) (1), et de Jean Iᵉʳ, duc de Bourbon (1410-1433) (2).

Voici maintenant le second groupe :

1   (2ᵉ groupe)   2

Les jetons représentés sous les nᵒˢ 1 et 2 de ce second groupe diffèrent peu l'un de l'autre. Dans un encadrement formé d'arcs de cercle, on voit un ours marchant à gauche et retenu par un licol aboutissant, à gauche aussi, à l'encadrement. Derrière lui est un chêne, caractérisé par le feuillage et les glands. Ce type est entouré de la légende : FVIES. CEST. LA

(1) *Histoire du jeton au moyen âge*, par Rouyer et Hucher, p. 147, 148, et pl. XII, fig. 106.

(2) Mantellier, *Notice sur les monnaies de Trévoux et de Dombes*, pl. III, fig. 6. — A. de Barthélemy. *Manuel de numismatique moderne*, pl. VII, fig. 389. — *Histoire du jeton*, p. 149. — G. de Soultrait, *Essai sur la numismatique bourbonnaise*, p. 71.

MALE BESTE. Au revers est une croix à triple nervure, fleurdelisée à ses extrémités, cantonnée de quatre fleurs de lis, et coupant la légende : CHEVAVCHIES. LOVRS.

Les seules différences qui méritent d'être notées, entre les jetons n°s 1 et 2, sont la forme des E dans la légende du droit, lesquels, comme nous l'avons déjà fait remarquer pour le groupe précédent, sont carrés sur le jeton n° 1, et arrondis sur le n° 2, et la présence sur ce dernier d'une feuille de chêne accompagnée d'un gland, à la suite de la légende du revers.

Sur le troisième jeton, l'arbre qui est derrière l'ours est moins bien caractérisé. L'animal est retenu par une chaîne partant du cou, et aboutissant vers le haut à l'encadrement ou aux branches de l'arbre. La légende, dont les lettres sont de forme un peu moins ancienne que sur les n°s 1 et 2, ne se rapporte plus au type; c'est le commencement de l'*Ave Maria.* Au revers, qui est entièrement anépigraphe, la croix, à triple nervure et fleurdelisée, est entourée de quatre arcs de cercle réunis par autant de fleurons. (N° 3 *bis*, 2e groupe.)

Des diverses opinions que nous avons énumérées plus haut au sujet des jetons à l'ours, nous n'avons, par son importance, à en reprendre qu'une : c'est celle de M. de Longpérier. Nous la reproduisons ici textuellement.

« Au xive siècle, écrivait M. de Longpérier en 1837 (1),
« les habitants de Toulouse croyaient qu'un monstre parcou-
« rait, la nuit, les rues de leur ville. On faisait de cet animal,
« de cette *malle beste*, comme on la nommait, une description
« effrayante, et chacun redoutait de sa férocité les plus grands
« malheurs. On fit frapper un jeton amulette que l'on vendait
« à l'hôtel de ville. Il représentait le monstre, qui paraît être
« un ours, et chaque Toulousain, en achetant de ces préser-

(1) *Encyclopédie du* xixe *siècle,* t. II, p. 668, livraison de juillet 1837, au mot *Amulette.*

« vatifs, put se croire en sûreté. Il est vrai que la recette était
« fort simple et n'exigeait pas beaucoup de courage ; *Fuies,*
« *c'est la malle beste*, dit la légende du jeton. Il est probable
« que ces braves gens ne faisaient pas de difficulté d'observer
« la prescription. »

Après cela, en 1859 (1), le savant académicien publiait un
exemplaire légèrement varié des jetons représentés sous les
nᵒˢ 1 et 2 de notre premier groupe, ainsi que le jeton nᵒ 1 de
notre second groupe, et faisait les observations suivantes :

« Le jeton qui porte l'inscription CEST LA MALLE BEST
« trouve un auxiliaire dans cet autre sur lequel on lit : FVIES
« CEST LA MALE BESTE. — CHEVAVCHIES L'OVRS.
« Au xivᵉ siècle, les habitants de Toulouse croyaient qu'un
« monstre parcourait, la nuit, les rues de leur ville ; on fai-
« sait de cet animal, de cette *malle beste*, comme on la nom-
« mait, une description effrayante. On frappa un jeton qui se
« vendait à l'Hôtel de ville. Nous avons autrefois rattaché au
« mythe toulousain les jetons en question. Il est néanmoins
« difficile de concilier les deux inscriptions que porte la
« seconde pièce. *Chevauchier* a ici le sens de *poursuivre à*
« *cheval*, comme dans ces vers du *Roman de la Rose* :

> Mais les vaillans homes l'assaillent
> Et la chevauchent et poursaillent.

« La *malle beste* est bien exactement représentée sous la
« forme d'un ours, et on se demande comment on pouvait
« en même temps la fuir et la poursuivre. »

Chevauchier, dit M. de Longpérier, a ici le sens de poursuivre à cheval. Nous lui demandons pardon de ne pouvoir
partager son avis, mais nous pensons que *chevauchier, chevau-*

(1) *Revue numismatique*, nouvelle série, t. IV, p. 207.

cher, a sur nos jetons la signification donnée le plus généralement à ce mot, et que *chevauchies l'ours* veut simplement dire *montez sur l'ours*.

Il n'est pas contestable que, dans l'exemple cité par M. de Longpérier, *chevaucher* a le sens de *poursuivre à cheval;* mais nous devons dire que, en feuilletant d'anciens auteurs, notre attention a bien souvent été portée sur le mot *chevaucher*, et que, très-rarement, quand il est suivi d'un complément direct, nous l'avons rencontré avec une signification autre que celle *d'aller à cheval* sur l'être, ou, plus exactement encore, sur l'objet, animé ou inanimé, que ce complément désigne.

Nous lisons dans Froissart (1) : « Le roi de Castille crut conseil, et chevaucha cheval... Si férit le roi des éperons et tourna le dos aux ennemis. »

Et dans le *Livre de Mathéolus* (2) :

> Vieilles chevauchent les balays
> Par cours, par salles, par palays;
> Comme vent s'en vont par le monde.

Puis, dans Coquillart (3), en ses vers intitulés les *Droits nouveaux :*

> Et se ceste femme a touchié
> Son mary, il chevauchera
> L'asne tout au long du marchié.

Nous pourrions ajouter à ces exemples la 32ᵉ strophe du *Petit testament* de Villon (4); mais, indépendamment qu'elle

---

(1) Tome II, p. 432, de l'édition Buchon, dans le *Panthéon littéraire*.

(2) Page 132 de l'édition de Bruxelles, 1846. (Second livre, vers 2169 et suivants.)

(3) Tome Iᵉʳ, p. 51, de l'édition de M. Charles d'Héricault, dans la *Bibliothèque elzévirienne*.

(4) La 27ᵉ dans l'édition du Bibliophile Jacob. Paris, 1866 (Académie des bibliophiles).

est peu décente, il nous paraît inutile de multiplier les citations sur la signification la plus habituelle, que personne, supposons-nous, n'est disposé à contester, du mot *chevaucher*, suivi d'un complément direct.

Il s'agit maintenant de savoir en quoi il pouvait sembler utile de chevaucher l'ours, c'est-à-dire de monter sur l'ours. Sur ce point, et quand une fois on s'est rendu compte de la prescription faite par nos jetons, les renseignements abondent.

L'effet qu'on attendait de faire monter les gens sur un ours, c'était de les guérir ou de les préserver de la peur.

En fait d'anciennes pratiques de vaine observance, recueillies par lui, M. Paul Lacroix cite trois recettes contre la peur. La première était de ficher des épingles dans le soulier d'un mort; la deuxième, de porter sur soi une dent ou un œil de loup; la troisième, de *monter sur un ours* (1).

Nous ne préconisons pas cette dernière pratique en disant qu'il nous sera facile d'en suivre l'existence pendant plusieurs siècles.

Consultons d'abord l'ouvrage si important pour l'étude des croyances et des préjugés populaires, intitulé les *Évangiles des quenouilles*. Dans ce livre, dont les deux rédactions très-différentes que l'on connaît remontent au xv⁰ siècle, la vertu attribuée à l'action de chevaucher un ours n'a pas été omise. Voici ce qu'on lit, dans la plus ancienne rédaction, pour *la vingt-huitième euvangille* de la seconde *série*, ou soirée :

« Qui francement pœult chevauchier l'ours nœuf pas d'un
« tenant (2), il est affranchi de estescure, et si pœult guerir
« du mal saint Leu (3). »

---

(1) *Curiosités de l'histoire des croyances populaires au moyen âge*, 1859, p. 97.

(2) C'est-à-dire durant neuf pas faits par celui qui mène l'ours.

(3) Les *Evangilles des quenouilles*, édition de P. Jannet, Paris, 1855, p. 41.

— 13 —

Dans la seconde rédaction, le texte de cette croyance pro-
clamée par les commères digne d'évangile, est devenu le
vingt-unième chapitre de la deuxième journée, et il est ainsi
conçu :

« Cellui qui franchement puet chevauchier l'ours IX pas
« d'un tenant, il est affranchi de IX paires de maladies.

« *Glose*. Dist une vielle matrone qui derriere les autres
« estoit : je cuide bien qu'il soit vrai de la guarison desdits IX
« maladies (1), mais non pas de celles dont on chiet à la
« renverse (2). »

Nous ne savons ce qu'il faut entendre par l'*esteseure*, si ce
n'est la peur. Quant au mal Saint-Leu, ou Saint-Loup, l'un de
ceux dont on *chiet à la renverse*, c'est l'épilepsie (3), autre-
ment dite encore le mal Saint-Jean. Nous ne nous arrêterons
pas sur l'équivoque que présente la glose de la *vieille matrone*,
et qu'on trouve plus accentuée dans le neuvième chapitre de la
première journée. C'est une plaisanterie au gros sel, comme
on s'en permettait alors dans certains livres, pour égayer un
peu le sujet.

Nous ouvrons maintenant le livre des *Quinze joyes de
mariage*, que l'on sait avoir été composé vers le milieu
du xv° siècle, et nous lisons dans la quatorzième joie :

« Il n'est rien plus serf, ne en plus grant servage, comme
« jeune homme simple et débonnaire qui est en subjection et
« gouvernement de femme veufve, et mesmement quant elle
« est malle et diverse....

« Celui qui chiet en ce poinct n'a rien affere si non prier
« Dieu qui lui doint bonne pacience à endurer et souffrir tout,

(1) Il semble qu'il faudrait ici, d'après ce qu'on a lu quelques lignes
plus haut : *desdites IX paires de maladies*.
(2) Les *Evangilles des quenouilles*, édition citée, p. 121.
(3) *Curiosités de l'histoire des croyances populaires*, p. 100.

« comme un vieil ours emmuselé, qui n'a nulles dents. lié
« d'une grosse chaine de fer, et est *chevauché*, et chartré o
« une grosse barre de bois ; et tout le retour qu'il en peut
« avoir est de crier, mais quant il crie il a deux ou trois coups
« daventage (1). »

Voilà bien le vieil ours dompté, le gagne-pain de son
meneur, qui le fait chevaucher par tout venant, amateur de
courage, ou de préservatif contre les *neuf paires de maladies*
auxquelles les *Évangiles des quenouilles* font allusion.

Sauval, qui écrivait sous le règne de Louis XIV (2), parle
des ours « que de pauvres gens promènent dans les rues (de
« Paris), faisant accroire à ceux qui leur prêtent l'oreille, que
« quiconque monte dessus n'a jamais peur, et enfin où l'on
« n'est pas plutôt monté, que, le chapeau à la main, faisant
« faire à l'animal quelques pas en tournant, alors ils mar-
« mottent certains mots qu'on n'entend point, le tout pour
« un double (3). »

Après ces divers détails, il n'est pas surprenant de trouver
dans le dictionnaire de Furetière (4) que, du temps de cet
auteur, on disait encore proverbialement, « d'un homme qui
« a peur, qu'il faut le faire *monter sur l'ours*, comme on fait
« aux enfants. »

Quant à l'expression de *male beste, malle beste*, pour mau-

(1) *Les quinze joyes de mariage*, seconde édition de la Bibliothèque
elzévirienne (par P. Jannet), Paris, 1857, p. 117 et 148.

A propos du mot *chevauché*, appliqué à l'ours dans le passage que nous
reproduisons, l'éditeur a mis une note qui prouve qu'il n'a pas compris
cet endroit. Au lieu de *chevauché*, il serait, d'après la note, disposé à
lire *chevaiché*, et ferait venir ce mot de *caveçon*. C'est torturer le texte
plus qu'inutilement.

(2) *Histoire et recherches des antiquités de la ville de Paris*. tome Ier,
p. 151.

(3) C'est-à-dire pour un double denier tournois. Le remède contre la
peur ne coûtait pas cher.

(4) Edition de La Haye et Rotterdam, 1690, au mot *Ours*.

vaise bête, qu'on lit autour du type de l'ours, sur nos jetons,
elle s'appliquait, dans le moyen âge, à tout être, réel ou ima-
ginaire, que l'on considérait comme malfaisant (1). Le mot
malebête a, du reste, été conservé dans notre langue avec une
signification analogue, mais prise, généralement, un peu plus
au figuré. Scarron, encore, dans son *Virgile travesti*, appe-
lait Junon la malebête des Troyens (2).

Nous voyons, en définitive, dans les jetons nos 1 et 2 de
notre second groupe, c'est-à-dire ceux dont les légendes, tout
particulièrement explicites, peuvent surtout aider à l'éclaircis-
sement du sujet, d'un côté une bête qui fait peur, et, au revers,
l'indication d'une recette contre la peur. Ce que nous avons dit
de ces deux jetons explique, d'ailleurs, suffisamment les autres.

A nos yeux les jetons du moyen âge que nous connaissons
au type de l'ours, étaient des jetons de compte, des jetons
banaux, ainsi que tant d'autres, sur lesquels se trouvent des
animaux, comme le cerf, le singe, l'écureuil, le coq, le dau-
phin, le poulpe, etc. ; représentations dues au caprice des
fabricants, qui s'inspiraient, pour les types et les légendes de
ces pièces, sous le contrôle, d'ailleurs, de l'autorité com-
pétente, qui était la Chambre des généraux des monnaies, des
idées de l'époque, de l'engouement du moment, et de tout ce qui
pouvait leur faire aisément écouler leurs produits. Certains de
ces jetons à l'ours ont-ils en outre été employés comme amulettes ? Nous n'entendons affermir ni contester cette opinion. Mais
nous ajouterons que, si elle doit être maintenue, nous ne

(1) Il y a bien longtemps que Duchalais, à propos du symbollisme d'un
autre animal, celui du rat, au moyen âge, faisait la remarque que Philippe
de Vitry, poëte du xive siècle, dans sa traduction moralisée des *Meta-
morphoses* d'Ovide, avait assimilé le sanglier de Béotie à « la *Male Beste*
« de l'Apocalypse, l'Antechrist, que les fabliaux appellent la *male beste*
« également. » (Bibliothèque de l'Ecole des Chartes, 2e série, tome III.)
(2) Livre premier, vers 303.

pensons pas qu'on puisse limiter à Toulouse l'usage qui aurait
été fait desdits jetons comme d'amulettes, attendu qu'on les
retrouve disséminés par toute la France. Il nous paraît, du
reste, bien difficile d'établir, au moins quant à présent, en
quoi consistaient en réalité les amulettes qui ont pu être ven-
dues à Toulouse au xıv^e siècle, comme devant préserver les
habitants des attaques du monstre qui causait leur effroi.

Les jetons à l'ours nous paraissent avoir été frappés durant
toute la seconde moitié du xıv^e siècle et une partie du
xve siècle (1). Les plus récents que nous connaissions sont
évidemment, par l'ensemble de leur aspect et leurs caractères
généraux, ceux dont nous avons donné la figure sous le n° 3
des deux groupes, ceux où la légende qui entoure l'ours, au lieu
de se rapporter au type, ne nous donne plus que les premiers
mots de l'*Ave Maria*. Ces jetons sont en même temps les plus
rares de la série, ce qui permet de supposer, sans de grands
efforts d'imagination, que l'usage de frapper des jetons au type
de l'ours s'en allait graduellement à l'époque qui les a produits.

Les six jetons dont le dessin a été donné dans le cours de
cette notice font partie de notre collection.

(1) Nous devons citer à ce sujet, d'après M. A. de Barthélemy (*Mélanges
de numismatique*, p. 235), l'extrait d'un manuscrit de Poullain que voici :
« En ce royaume a esté fait plusieurs getz d'argent, dont les uns sont
« à onze deniers et les autres à dix deniers de loy, et poisent trois deniers
« de marc et aucuns ne poisent que 2 deniers 18 grains. *Il y en a qui ont*
« *un ours*, et furent faits du temps de monsieur de Berry. »
Le duc de Berry, frère du roi Charles V, mourut en 1416. — On
remarquera, d'autre part, qu'il s'agit cette fois de jetons d'argent, et
nous n'avons pas connaissance qu'il en ait été, jusqu'ici, retrouvé de ce
métal avec le type de l'ours.
Nous avons déjà dit qu'un des jetons décrits plus haut, dans notre
premier groupe, présente un revers qui est en même temps commun à
plusieurs des jetons que l'on conserve, offrant de l'autre côté les armoiries
du duc de Berry.

Le Mans. — Typ. Ed. Monnoyer. — Déc. 1875.

www.ingramcontent.com/pod-product-compliance
Lightning Source LLC
LaVergne TN
LVHW021103050726
842519LV00005B/1807